खुलकर हँसना मुश्किल है...

रिज़वान रिज़

मेरे अम्मी-पापा
और बड़े भाई
मुहम्मद इमरान इदरीसी
को समर्पित...

क्रम-सूची

क्रम-सूची

क्रम-सूची

अस्वीकरण

इस पुस्तक में शामिल सारे शब्द लेखक के निजी विचार हैं। अथवा उनका किसी सामाजिक, राजनैतिक, धार्मिक व्यक्ति, समाज, घटना इत्यादि से कोई लेना-देना नहीं है और न ही किसी की भावनाओं को ठेस पहुँचाना है।

\- रिज़वान रिज़

भूमिका

प्रिय पाठकों.. आपके लिए बहुत मुहब्बत। मैं हूँ आपका दोस्त रिज़वान रिज़। और आप मुझे सिर्फ़ रिज़ भी कह सकते हैं। ये मेरी पहली किताब है कई बार पहले भी इसको पब्लिश कराने की कोशिश की। मगर शायद यही सही वक़्त है इस किताब को आपको सामने लाने का।

दोस्तों, मैं कई सालों से इस किताब को लिख रहा हूँ इसमें आपको मेरी ज़िंदगी की सबसे पहली कविता भी मिलेगी। मुझे काल्पनिक विषयों पर लिखना सबसे अच्छा लगता है या उन विषयों पर जिनका सामना कम से कम मैंने अपनी ज़िंदगी में नहीं किया। इसलिए मेरी ज़्यादातर रचनाएँ काल्पनिक हैं। हालांकि कुछ मेरी ज़िंदगी या मेरे किस दोस्त या करीबी से सीधी जुड़ी भी हो सकती हैं। अक्सर ऐसा सुना था कि लोग कवि या शायर तब बनते हैं जब उनको कोई गहरा दुःख पहुँचा हो। किंतु मैं इस बात से कम इत्तेफ़ाक़ रखता हूँ क्योंकि मैं दुःख भरी कविताएँ भी हँसते-हँसते लिख सकता हूँ।

मैंने लिखने की शुरुआत साल 2013 में की। उस वक़्त मैं कक्षा-9 में था जब मैंने अपनी ज़िंदगी की पहली कविता "वो प्यारी मुस्कान" लिखी। हुआ ये था कि मेरे विद्यालय के हिंदी के अध्यापक, सम्मानीय डॉ॰ लोकेश देव शर्मा जी ने स्व-रचित कविता लिखने का टास्क दिया। बाद में मेरी ये कविता मेरे स्कूल की वार्षिक मैगज़ीन में पब्लिश हुई तो मेरे कलम पर पंख लग गए और वहीं से मेरे लिखने का सफर शुरू हुआ।

इस किताब को लिखने का मक़सद इतना है कि मैं गुमनाम लेखक, कवि या शायर बने रहना कभी नहीं चाहता, जो मैंने लिखा

उसको मैं आपके सामने रखना चाहता हूँ। मेरे दिल की ये ख़्वाईश थी कि मैं अपनी सारी रचनाएँ इकट्ठा करके आप तक पहुँचा दूँ। इस किताब में आप ज़्यादातर मुहब्बत का सामना करेंगे, उसके अलावा कुछ अन्य विषय भी इसमें शामिल हैं। मैं पूरी उम्मीद करता हूँ आपको बेहद पसंद आएगी।

- रिज़वान रिज़

मुरादाबाद, उत्तर-प्रदेश

हिंदुस्तान

पावती (स्वीकृति)

इसमें कोई शक़ नहीं कि हर काम की सफलता के पीछे बहुत से जाने-अनजाने लोग और परिस्थितियाँ जुड़ी होती हैं। इस किताब के मुकम्मल होने के लिए सबसे पहले मैं प्रकृति (अल्लाह) का शुक्रिया अदा करता हूँ जिसने मुझे ज़हन दिया कि मैं कुछ ऐसा लिख सकूँ जो पढ़े जाने के लायक हो।

इसके अलावा मैं अपने शिक्षकों - डॉ॰ लोकेश देव शर्मा जी, मंगू सिंह जी, डॉ॰ रुचि आनंद साहिबा, मीना कुमारी जी, सरिता जी, डॉ॰ जितेंद्र सरोहा जी, डॉ॰ तारा सिंह जी और अपने दोस्तों - जया, मासूम, फिरोज़, अब्बास, नीरज, उमा, अंजली, श्रेयसी, आशुप्रिया, सलीम, वैशाली, राजन, दानिश, हर्ष, पूनम, वेया देले, शाहिस्ता, कविराज, भारत, स्वर्गीय प्राचिता और तमाम दोस्तों का दिल से शुक्रगुज़ार हूँ जिन्होंने समय-समय कर मेरा हौंसला बढ़ाने का अहम कार्य किया।

- रिज़वान रिज़

मुरादाबाद, उत्तर-प्रदेश

हिंदुस्तान

नई उम्मीदें

हर सुबह लेकर आती है
नई उम्मीदें
नई ख़ुशियाँ।
नए सपने
नए कसमें।
नए वादे
नए इरादे।
नए धोखे
नए मौके।
नए चेहरे
नए पहरे।
नए काम
नए दाम।
नई ख़्वाइशें
नई कोशिशें
नई सफलताएँ
नए मायूसियाँ।
नई मुलाक़ातें
नए इंतेज़ार।
नई नफ़रतें
नया प्यार।
नई ख़बरें
नए-नए अख़बार।

और नई सम्भावनाएँ
अगली सुबह होने की।

सुबह फिर होगी

इस अंधियारी रात के बाद
सुबह फिर होगी।
सब्र करो, हिम्मत रखो
सुबह फिर होगी।

फिर लगेंगे खुशियों के मेले
दौड़ेंगी फिर से ये ठहरी हुई सड़कें
फिर से घूमेंगे हम-तुम
लिए हाथों में हाथ अपनी
पसंद के शहरों में।

फिर से करेंगे इबादत हम
मन्दिर, मस्जिद, चर्च और
गुरुद्वारों में।

फिर से रौनकें आएंगी वापस
सूनसान पड़े इन शहरों में।
फिर से होगा वो ही मन्ज़र
जिसका हम तुमको है इन्तेज़ार।

बस कुछ और सब्र करो
यक़ीन रखो, दोपहर के बाद शाम
और शाम के बाद रात के होने पर।
यक़ीन रखो अपने रब पर।
सुबह फिर होगी..

सब याद रक्खा जाएगा

ये नफरतें, मुहब्बतें
ये सिरफिरी सियासतें।
ये दूरियाँ, मज़बूरियाँ
ये दुःखद कहानियाँ।
सब याद रक्खा जाएगा।

अमीर लोग, ग़रीब लोग
भूखे लोग, प्यासे लोग
तड़पते लोग, बिलखते लोग
मज़दूर लोग, मज़बूर लोग
और सड़को पे दम तोड़ते लोग
सब याद रक्खा जाएगा।

ये नम आँखे मासूमों की
ये नन्हें पैरों में छाले।
सपने लिए घर जाने के
ये भूखे पेट, प्यासे गले।
ये बेबसी, ये बे-क़दरी
और ये सरकारों की चुप्पी
सब याद रक्खा जाएगा।

ये झूठे वादों की सरकार
ये नफ़रतों से भरे अख़बार
ये दलाली करती मीडिया

सच छुपाती, झूठ दिखाती
नफ़रत फैलाती मीडिया।
और आग लगाती मीडिया।
सब याद रक्खा जाएगा।

लौट आना आसान होता है

लौट आना आसान होता है
उस वक़्त जब कोई
देखता हो राह तुम्हारी और
जलाये रखता हो इक दिया
वापसी की उम्मीद में
तुम्हारे लौट आने की।

और भी आसानी हो
जाती है वापसी में
जो वो अगर ढूँढता आ जाए
तुमको तुम तक और कहे
प्यार से.
आओ फिर से देखते हैं सपने
साथ-साथ।

शिकायत है

राम को रहीम से और
रहीम को राम से
शिकायत है।
होनी भी चाहिए क्योंकि
ये दोनों बरसों-बरस के
साथी रहे हैं।
ऐसे साथी जिनको एक-दूसरे से
अलग कर पाना मुश्क़िल है।
उतना ही मुश्क़िल, जितना
ख़ुद को ख़ुद से अलग करना।

मगर आज राम ने
रहीम को, रहीम न कहकर
मुसलमान कह दिया और
रहीम भी उसको हिंदू कहते
हुए दूसरी तरफ जाकर बैठ गया है।
अब दोनों इस बात को सोच रहे हैं
कि हम दोनों को आख़िर हिंदु-मुसलमान
किसने बना दिया, हम तो
बरसों से केवल राम और रहीम थे।

पहला स्पर्श

कितना नया और अनोखा
था, बिल्कुल
बारिश की बूँदों-सा पवित्र
तुम्हारे और मेरे हाथों का
पहला स्पर्श।

जैसे ओस की दो बूँदें
सरकती हुई आ मिलती हैं
इक-दूजे से, किसी पत्ते पर
और जैसे मिल ही जाती हैं
सागर में दो लहरें
आपस में, होकर बैचैन।

सचमुच बिल्कुल ऐसा था
तुम्हारे और मेरे हाथों का
वो पहला स्पर्श।

बारिश

जब कभी बारिश आती है
वो दीवार टूट जाती है
अक्सर माँ जिसे
बारिश के बाद बनाती है।

कोई बरतन रख देता है
जहाँ पानी टप-टप-टप
गिरता है
कोई चारपाई उठाता है
जो बिछी हुई थी आँगन में और
किसी के द्वारा उठा लिए जाते हैं
वो कपड़े, जो सूख रहे
हल्की-हल्की धूप में।

सचमुच ये बारिश हमें
तंग-सा कर जाती है
गुस्सा तो जायज़ है फिर भी
इक हँसी-सी आ जाती है
सबके चेहरों पर
मगर ये बारिश बहुत ही प्यारी है
जो मेरा घर जोड़ जाती है।

नींद

हम अक्सर खो देते हैं
हर रोज़ हर रात अपने ही
वजूद को।

हम खो देते हैं सच को।
और खो जाते हैं
उन झूठे सपनों में..
जिनका नहीं होता
ख़ुद का ही वजूद।

हम खो देते हैं अक्सर
अपने तन-मन और ध्यान को
हर बार सोने के बाद।
इसमें कुछ भी झूठ नहीं है
सचमुच अल्पकालिक मौत-सी
होती है नींद।

तुम

मैं जानता हूँ कई मायनों में
तुम अलग हो मुझसे..
तुम्हारी भाषा, तुम्हारे तौर-तरीके
काफ़ी जुदा हैं, मेरे ख़्यालों से..
मगर फिर भी दिल को लगता है
तुम सचमुच इतने अनजाने नहीं।

बेशक़ तुम्हारा रंग-रूप
मेल नहीं खाता है मेरे चेहरे से
और न ही मैं ख़ूबसूरत हूँ
तुम जितना
मगर फिर भी दिल को लगता है
तुम सचमुच इतने अनजाने नहीं।

मैं नहीं हूँ तुम जैसा उम्दा फ़ोटोग्राफर
मगर मैं तुम्हारे चेहरे को अक्सर
रखता हूँ अपनी आँखों में..
क्योंकि इन्होंने खींच ली है
संसार की सबसे ख़ूबसूरत तस्वीर।

इक रोज तुम मिले थे

इक रोज तुम मिले थे
अजनबी बनके।
और अब तुम ही तुम हो
ख़्वाबों और हक़ीक़त में।
मेरे अपनों में और सपनों में।

अब तो तुम्हारे लिए ही
धड़कता है ये दहर।
तुम ही तुम बस नज़र आते हो
मैं देखता हूँ जिधर।
अँधेरों में, उजालों में।
मेरे ख़्यालों में बस
तुम ही तुम हो..।

आप जो ख़्वाबों में आए न होते

आप जो ख़्वाबों में आए न होते
बेवज़ह हम मुस्कुराए न होते।
न फूल खिलते
न कलियाँ मुस्कुरातीं
भँभरे यूँ गुनगुनाए न होते।
आप जो ख़्वाबों में आए न होते..

मौसम भी कुछ, ख़ास न होता
सावन का एहसास न होता।
पतझड़ दिखता, चारों ओर बस
बसंत, बहार भी आए न होते।
आप जो ख़्वाबों में आए न होते..

तुम बिन दिन भी, मुश्किल रहते
दूबर होता, रातों का कटना
अकेले पड़े हुए, बिस्तर पर
होता केवल, तारों को गिनना।
तुम आए तो, अपनापन आया
हम वरना बहुत, पराए होते।
आप जो ख़्वाबों में आए न होते..

दिल भी कुछ, धीरे धड़कता
साँसें भी कुछ, मद्धम होतीं
हम भी रहते बुझे-बुझे-से

जीवन में बस, बेचैनी होती।
तुम हो तो, अच्छा ही है, वरना
हम, कितनों के ठुकराए होते।
आप जो ख़्वाबों में आए न होते..

मुश्किल होता, कविताओं को लिखना
झूठी-सच्ची, तारीफें करना
ख़ूबसूरत शब्दों को चुनना
एक अनूठी कल्पना को गढ़ना।
ये सब इतना आसान न होता
गर तुम इसमें समाय न होते।
आप जो ख़्वाबों में आए न होते..
बेवज़ह हम मुस्कुराए न होते।

खुलकर हँसना मुश्किल है

खुलकर हँसना मुश्किल है
दिल भी किसी का दुखता है
हम तो हँसते रहते हैं पर
ग़म किसी का जी उठता है..

कहते-कहते कभी जब हम
अचानक से चुप जाते हैं
चलते-चलते राहों में जब
सोचके कुछ रुक जाते हैं
मानों हम कुछ भूल रहे हों
बेचैनी में झूल रहे हों
कुछ तनहा-तनहा लगता हैं
दिल भी किसी का दुखता है..

चलते-चलते राहों में जब
घड़ी शाम की आती है
शोर-शराबा आवाज़ें सारी
इक दम से रुक जाती हैं
रोते-रोते एक मासूम-सा
बच्चा भी चुप जाता है
टंगा दिनभर आसमान में
सूरज भी थक जाता है
पंछी चुनकर दाना वापस
घोंसले में आता है

मानों जैसे संसार ही सारा
इक दम से रुक जाता है
सब धुंधला-धुंधला लगता है
तब दिल में एक आहट होती है
कुछ धीरे-धीरे चुभता है
दिल भी किसी का दुखता है..

चाँद अकेला में अकेला
दोनों में कुछ समता है
वो मुझे ताके में उसे ताकूँ
रातभर ये चलता है
शायद मैं फिर सो जाता हूँ
यादों में खो जाता हूँ
पर चाँद अकेला जगता है
जाने किसको तकता है
दिल भी किसी का दुखता है..

दिल टूटा तो पता चला ये
दिल भी शीशे का होता है
मतलब के सब यार हैं यारों
न कोई किसी का होता है
यूँ तो हम अनजान नहीं अब
मगर किसी की जान नहीं अब
जब उनको याद कर लेते हैं
सब फीका-फीका लगता है
दिल भी किसी का दुखता है..

बात चली है तो कह देता हूँ
कौन सा पैसा लगता है
पैसा ही अब महँगा है अब
बाकी सबकुछ सस्ता है
रिश्तों का कोई मोल नहीं है
'रिज़वाँ' तेरा तोल नहीं हैं
चुप रहता है तो बेहतर है सबसे
पर जब-जब सच कह देता है
कुछ कड़वा-कड़वा लगता है
दिल भी किसी का दुखता है..

हँसना इतना भी दुश्वार नहीं है
क्या तुमको खुद से प्यार नहीं है.?
ऐसे हंसो जो सबको हँसाए
ग़म किसी के हर ले जाए
न सिर्फ़ चेहरा दिल को हंसाए
रोने में क्या रक्खा है बस
आँखों का झरना बहता है
दिल भी किसी का दुखता है..

खुलकर हँसना मुश्किल है
दिल भी किसी का दुखता है
हम तो हँसते रहते हैं पर
ग़म किसी का जी उठता है..

लोग दीवाने बन जाते हैं

आँखों से आँखें मिलती हैं
अफ़साने बन जाते हैं
ज़रा-ज़रा-सी बातों में..
लोग दीवाने बन जाते हैं।

पीत-ज्वर-सा चढ़ जाता है
प्रेम ये हमको कभी-कभी
उसकी आँखें नीली लगती हैं
हम पीले पड़ जाते हैं।
ज़रा-ज़रा-सी बातों में..

लगता है कह देंगें सबकुछ
दिल में अरमाँ जो भी हैं
जब वो सामने आ जाती है
हम शर्मीले बन जाते हैं।
ज़रा-ज़रा-सी बातों में..

वो सबसे सुंदर लगती है
जो मेरे दिल मे बसती है
उसकी बातें सिर-आँखों पर
गुलाम हम उनके बन जाते हैं।
ज़रा-ज़रा-सी बातों में..

बेमौसम बरसात होती है
जब वो मेरे साथ होती है

मौसम भी उम्दा होता है
काँटें फूल-से बन जाते हैं।
ज़रा-ज़रा-सी बातों में..

उसका चेहरा ताजमहल-सा
आँखें सचमुच झील-सी हैं
मैं उसका रांझा लगता हूँ
वो भी मेरी हीर-सी है
मैं बस उसकी तारीफें लिखता हूँ
मेरे लफ्ज़ तराने बन जाते हैं।
ज़रा-ज़रा-सी बातों में..

प्यार में सबकुछ अच्छा लगता है
झूठा भी सच्चा लगता है
दिल उसकी ही ज़िद करता है
कभी-कभी तो बच्चा लगता है
हम भी बच्चे बन जाते हैं।
ज़रा-ज़रा-सी बातों में..

कभी-कभी तो ऐसा होता है
दिलबर मेरे दिल में सोता है
रातें हसीन हो जाती हैं
सपने भी सुहाने बन जाते हैं।
ज़रा-ज़रा-सी बातों में..

प्यार करना आसान नहीं है
ये बच्चों का काम नहीं हैं

प्यार में दिल को तड़पना होता है
सच्चा प्यार कब अपना होता है?
जब प्यार के सुनते हैं क़िस्से
ग़म आते हैं दीवानों के हिस्से
वो शम्मा के जैसे जलती है
हम भी परवाने बन जाते हैं।
ज़रा-ज़रा-सी बातों में..

पहले-पहले अच्छा लगता है
मिलना-जुलना, बातें करना
जब मुलाक़ातें बढ़ जाती हैं
लोग सयाने बन जाते हैं।
ज़रा-ज़रा-सी बातों में..
लोग दीवाने बन जाते हैं।

आसाँ नहीं होता

आसाँ नहीं होता..
किसी ग़म को छुपाना
दिल पे भारी बोझ उठाना।
आसाँ नहीं होता..

बेवज़ह मुस्कुराना, और
मुस्कुराने की वज़ह बताना।
आसाँ नहीं होता..

सच बताना, झूठ छुपाना
किसी राज़ को दबाना।
आसाँ नहीं होता..

उम्मीद लगाना, भरोसा दिलाना
उम्मीदों पे खरा उतरना।
आसाँ नहीं होता..

दिल लगाना, दिल चुराना
और आँखों से बातें करना।
आसाँ नहीं होता..

इज़हार करना, प्यार करना
धोखा खाना।
आसाँ नहीं होता..

न हँसना, न खिलखिलाना।
पलकों पे आँसू लाना।
आसाँ नहीं होता..

किसी का होना, उसे अपना बनाना
किसी एक से दिल लगाना।
आसाँ नहीं होता..

राह तकना, जुदाई सहना
इक-दूसरे से अलग रहना।
आसाँ नहीं होता..

वादा करना, कसमें खाना
कसमों-वादों को निभाना।
आसाँ नहीं होता..

दोस्ती करना, दुश्मनी रखना
फिर अपने को तनहा पाना।
आसाँ नहीं होता..

याद रखना, भूल जाना
बीते वक़्त का लौट आना।
आसाँ नहीं होता..

टूट जाना, फिर बिखरना
बार-बार यही दोहराना।
आसाँ नहीं होता..

तन्हाई में हँसना, भीड़ में रोना।
किसी के आगे खुल जाना।
आसाँ नहीं होता..

चाहत रखना, लक्ष्य बनाना
सपनों को सच कर जाना।
आसाँ नहीं होता..

जीवन जीना, मौत को सहना
सच्चाई का सामना करना।
आसाँ नहीं होता..

वो प्यारे दिन

कितने प्यारे थे वो दिन जब
साथ-साथ हम रहते थे
होली और दीवाली के रंगों में
साथ-साथ हम घुलते थे।
कितने प्यारे थे वो दिन जब..

दुःख की तो औकात नहीं थी
मायूस हमें जो कर जाए
मन होता तो रो लेते थे
पर बेमन भी हम हँसते थे।
कितने प्यारे थे वो दिन जब..

मालूम न होता कब रूठ जाएँगे
पल-पल ही हम लड़ते थे
पर दोस्ती के पाक रिश्ते को
दिल में जिंदा रखते थे।
कितने प्यारे थे वो दिन जब..

कुछ यार हमारे ऐसे भी थे
जो हम पे जान छिड़कते थे
कुछ तो मानों खरबूज़े थे
वो पल-पल रंग बदलते थे।
कितने प्यारे थे वो दिन जब..

सोचा न था यूँ खो जाएँगे
संसार-नुमा इस मेले में
माना कि अनजान थे हम-तुम
पर अपने-अपने लगते थे।
कितने प्यारे थे वो दिन जब..

सब यादें धुँधली हो जाती हैं
सब मिलते ओर बिछड़ते हैं
दिल में होते तो शायद भूल भी जाता
तुम तो साँसों में बसते थे।
कितने प्यारे थे वो दिन जब..

दिल चाहता है फिर मिल जाएँ
जो यार हमारे अपने थे
आज वो सपनों में दिखते हैं
जो साथ हमारे चलते थे।
कितने प्यारे थे वो दिन जब
साथ-साथ हम रहते थे।

वो प्यारी मुस्कान

ठोकर लगी तो थी
किंतु, लगने का एहसास न हुआ
वो प्यारी-सी मुस्कान
मानों मेरी रक्षक थी।

मदद थी या जीत थी वो मेरी
पहचान न पाया मैं
ईश्वर की उपस्तिथि की
पहचान थी शायद।

सहारा मिल गया था
आगे बढ़े जा रहा था मैं
हृदय में मगर वही प्यारी मुस्कान थी
विषय नहीं था अब चिंता का
भय की कोई बात न थी
दुःख तो सिर्फ़ इतना ही था
मंज़िल तो थी पर..
वो प्यारी मुस्कान न थी।

मौत

आज तुम बहुत याद आ रही हो
ऐं मौत! इतना क्यूँ सता रही हो।
क्या तुम भी परेशां हो किसी ग़म से
आख़िर तुम क्यूँ ज़िद दिखा रही हो।

सोचते हैं क्या पाया, ये ज़िंदगी जीकर
ज़ख्मों को लेकर, ग़मों को पी-पीकर।
काश! तुम पहले मिलतीं तो, ये हाल न होता
बेबस-सी ज़िंदगी का मलाल न होता।
ख़ैर, अब आ ही गई हो तो, इतना न शर्माओ
मुझको ज़रा छुओ, गले से लगाओ।
अरे! दूर क्यूँ जा रही हो..
ऐं मौत! इतना क्यूँ सता रही हो।

कुछ देर ठहरो, ज़रा ज़िंदगी से मिल लूँ
इस बेवफ़ा से दो बातें तो कर लूँ।
मुझको छोड़ देने का बहाना तो पता चले
तुम ज़रा छुप जाओ, इसको पता न चले।
क्यूँ करीब आ रही हो..
ऐं मौत! इतना क्यूँ सता रही हो।

ज़िंदगी तेरी याद में हम आँसू बहाएंगे।
चाहके भी अब कभी न, तुमसे मिल पाएंगे।
जब हम तुम्हारे साथ थे, तुम बहुत मगरूर थीं

आख़िर तुम ज़िंदगी थीं, बेवफ़ाई को मज़बूर थीं।
अब हमारे बिछड़ने की घड़ी आ चुकी है
उधर देखो मौत खड़ी है..वो आ चुकी है।
ज़िंदगी बेवफा सही मगर तुमसे ज्यादा प्यारी है।
इसका भी इक दौर था पर अब तुम्हारी बारी है।
अब मैं तुम्हारे इश्क़ में बीमार हो चुका हूँ
साथ तुम्हारे चलने को तैयार हो चुका हूँ।
अब क्यूँ देर लगा रही हो..
ऐं मौत! इतना क्यों सता रही हो।

रुक जाना मत

राहें बहुत कठिन मिलेंगी
देख उन्हें घबराना मत।

मंज़िल को पाने से पहले
देखो तुम रुक जाना मत।

अपना सपना ज़िंदा रखना
सपने से ध्यान हटाना मत।

वक़्त का कोई विकल्प नहीं
इसको व्यर्थ गँवाना मत।

पहले तुम मेहनत कर लेना
किस्मत को अजमाना मत।

जीवन में दुःख के पर्वत होंगे
अपना शीश झुकाना मत।

नदियाँ बहतीं झूठ की यहाँ
इनमें डूब के जाना मत।

दुनिया तुमपे हँसेगी पक्का
इसकी हँसी से शर्माना मत।

बहुत मिलेंगे भटकाने वाले
उनकी बातों में आना मत।

तुमसे तुम्हारा ध्यान हटाएँ
ऐसे लोगों में जाना मत।

अपने मन की भी सुन लेना
औरों की राय में आना मत।

तुम सबकुछ कर सकते हो।
किसी से आस लगाना मत।

जब तुम मंज़िल को पा लो
रस्तों को भूल जाना मत।

मेरी कविता एक सबक़ है
इसको भूल जाना मत।

सच क्या है ?

सच क्या है ?
कभी सोचा है।
कभी-कभी जो दिखता है
वो सच नहीं होता है।
और सच छुप जाता है
किसी अँधेरे पीछे।

मैंने कई ऐसे लम्हों का
अनुभव किया है जब
सच बहुत परे था
मेरे वाले सच से।
और अफ़सोस कि सच भी
सदा रहता नहीं एक
सभी के लिए
ये बदलता है काल-देश और
इंसान-दर-इंसान।

जब हम नहीं बैठा पाते हैं सामंजस्य
एक सच के साथ तो
बना लेते हैं एक और नया सच।
मैं सोचता हूँ कई बार कि सचमुच
ये सच क्या है ?
पर अक्सर सच बताने वाले ही
होते हैं सच से कोसों दूर

और करते हैं झूठी बातें
किंतु वो सच है उनके लिए।

सचमुच, सच तो कुछ भी नहीं
ये तो है बस
समय और परिस्थितियों
का सामंजस्य।

बीस दिन

बीस दिन हो गए, उनसे बात किये हुए
बीस दिन बाक़ी हैं शायद, इस ज़िंदगी के लिए।

बीस दिन से लफ्ज़ भी मेरे, कुछ ख़ामोश हैं
बीस दिन से मानों जैसे, हम भी कुछ मदहोश हैं।

बीस दिन से दिल को, कुछ न अच्छा लगता है
बीस दिन से कोई भी, शख़्स न सच्चा लगता है।

बीस दिन से आँखों में कुछ, नमी-नमी-सी रहती है
सब है मेरे पास में फिर भी, कमी-कमी-सी रहती है।

बीस दिन से हाल है ऐसा, न हँसते है न रोते हैं
बीस दिन से पता नहीं, कब जगते हैं कब सोते हैं।

बीस दिन से चाँद भी, ख़ुद से नाराज़-सा लगता है
देर से निकलता है, बड़ी जल्दी-जल्दी छिपता है।

बीस दिन पहले छोड़ गया था, वो मुझको तन्हाई में
बीस दिन से ढूँढ रहा हूँ, उसको ख़ुद की परछाई में।

बीस दिन तो बहाना है, हम अरसों से उनसे दूर हैं
कैसे कहें, क्या बतलायें, कितने हम मज़बूर हैं।

बीस दिन की ये जुदाई, बीस बरस-सी लगती है
दिन बेचारा तड़पता है, बेबस नज़रें तरसती हैं।

बीस दिन से राहों में, इक सूनापन-सा रहता है
बस ठहरो अब ठहरो 'रिज़वाँ' रस्ता मुझसे कहता है।

दिन गुज़र रहे थे

रातें बीत रहीं थीं
दिन गुज़र रहे थे
किसी की जुदाई में हम
धीरे-धीरे मर रहे थे।
दिन गुज़र रहे थे..

चाहते थे कुछ कहना
कुछ बताना उनको
अपने बारे में
वो किसी और का
ज़िक्र कर रहे थे,
हँसकर..
हम सब्र कर रहे थे।
दिन गुज़र रहे थे..

सब मशरूफ थे
अपने-अपने कामों में
कोई सँवरता था
किसी के लिए
कोई मचलता था
किसी के लिए
कोई तड़पता था
किसी के लिए
तो कोई लिखता था

किसी के लिए
पूरी दुनिया चल रही थी
हम यूँ ही गुज़र कर रहे थे।
दिन गुज़र रहे थे..

हर शख़्स ख़ूबसूरत
चारों तरफ मुहब्बत
तन्हाई में इक हम
कितनी हसीन दुनिया में
पल-पल बिखर रहे थे।
रातें बीत रहीं थीं और
दिन गुज़र रहे थे..

सचमुच अनोखे होते हैं
कुछ लोग
हर किसी की ज़िंदगी में।
जिस तरह से तुम हो
शामिल मेरी ज़िंदगी में।

सोचते हैं क्या नाम दें
इस रिश्ते को
क्योंकि ये प्यारा है
कहीं ज्यादा किसी
साधारण-सी दोस्ती से
और फिर तुम मेरी
महबूबा भी तो नहीं हो।

कई बार ये सोचता हूँ
तुम हो सिर्फ़ मेरी क्लासमेट
मगर दिल नहीं मानता इस
फॉर्मल-से रिश्ते को।
और समझने लगता है तुम्हें
बेहद करीबी जिससे
शेयर किए जा सकते हैं
हज़ारों राज़, हर बात।

ख़ैर ये अलग बात है कि
तुम्हें देखके नज़रें नहीं हटती
एकदम-से तुम पर से।

और कई बार राह देखती हैं
नज़रें तुम्हें कॉलेज में
न पाकर।

तुम्हारी मुस्कुराहट और
अदाबत सचमुच मिसाल हैं
तुम्हारी ज़िंदादिली की।
तुम्हारी ये सारी बातें मुझे
अक्सर कर देती हैं मज़बूर
सोचने पर।
मगर मैं रिश्तों की परवाह
करने में थोड़ा कच्चा हूँ
और तुम्हें समझता हूँ केवल
एक सच्ची क्लासमेट।

अचानक

अच्छा लगता है जब
अचानक से आती है आवाज़
किसी मासूम के रोने की
जो आया हो अभी-अभी
इस संसार में।

जब अचानक से आता है कोई
मिलने बरसों बाद हमसे
जो रहता हो साथ हमारे कभी
पहले साये की तरह।

जब देखते हुए बादलों की तरफ
अचानक से शुरू हो जाती है
बारिश और देखते ही देखते
भीग जाते हैं हम पूरे के पूरे।

जब किसी की तलाश में हो आँखें
और वो आ जाए अचानक से
इनके सामने किसी तरीके से।

जब कोई हाथ बढ़ता है अचानक से
उस मज़बूर की तरफ मदद को
जो बस खोने ही वाला था आस
ख़ुदा के वज़ूद की।

अचानक से कोई दे देता है
साथ हमारा जब सब समझ लेते हैं
ग़लत हमको।

जब कोई दुआ अचानक से हो
जाती है क़ुबूल जो मांगी थी
अभी-अभी बस कुछ देर पहले।

जब अचानक से हो जाता है प्यार
इक नज़र देखकर किसी को।
और हो जाते हैं हम किसी और के।

कितना अच्छा लगता है जब
सबकुछ यूँ अचानक से होता है।

बचपन

उस दिन जो गिरी अचानक
दीवार से इक तस्वीर
ले गई मुझे बरसों पीछे
मेरे बचपन में।

पहले तो शक-सा हुआ
मुझे मेरे चेहरे पर
सोचने लगा लिए हाथ में
वो तस्वीर बचपन की
सचमुच ऐसा था मैं
मेरे बचपन में।

मानों वो तस्वीर न थी
बचपन की पूरी कहानी थी
खो गया मैं उन कहानियों में
जो माँ मुझे सुनाती थी
मेरे बचपन में।

याद आई वो बचपन की मस्ती
बारिश के पानी में डूबती कभी
तैरती हमारी कागज़ की कश्ती
वो लड़ते-झगड़ते स्कूल को जाना
कुछ झूठे कुछ सच्चे बहाने बनाना
आदतें थीं कुछ ये मेरी

मेरे बचपन में।

दोपहरी में जाकर तालाब में नहाना
तपते सूरज से आँखें लड़ाना
ठहरे हुए पानी में फेंकते हुए पत्थर
बचपन के यारों से गप्पे लड़ाना
सोये हुए कुत्ते को बेवज़ह जगाना और
फिर घबरा के भाग जाना
कितना मज़ा आता था
मेरे बचपन में।

इतना ही सोच पाया था
बचपन के बारे में तभी
अचानक पीछे से आवाज़ आई
इक प्यारे-से बच्चे ने आवाज़ लगाई
फिर से गिरी हाथों से तस्वीर
यूँ लगा कितना दूर गया मेरा बचपन
उस मासूम-से बच्चे की आँखों में मैंने
फिर से महसूस किया मेरा बचपन।

लेकर हम दीवाना दिल

लेकर हम दीवाना दिल
घूमते हैं गली-गली
दिल कहता है बार-बार
इस गली तू मिल जाए..

मर जाएँ चाहें हम
एक ही मुलाक़ात में
दिल की एक तमन्ना है
मौत से पहले तू मिल जाए..

तेरी वफ़ा पे हमें ऐतबार है
ख़ुदा की रहमत का इंतेज़ार है
रब से यही माँगते हैं
तुझको भी हमारी वफ़ा का
एहसास हो जाए..

सतरंगी होली

आज आसमाँ सतरंगी है
कहीं पीला कहीं लाल
धरती भी कुछ कम नहीं है
है चारों ओर गुलाल।
जब प्रकृति इतनी रंगीन है
तो हम कैसे सादा हो जाएँ
प्रकृति के रंगों को लेकर
सतरंगी होली मनाएँ।

देखो फागुन आ चुका है
अब पानी से क्यों घबराएँ
डर सरदी का छोड़ के हम-तुम
इक-दूजे को रंग लगाएँ।
नई-नई पोशाकें पहनें
खीर-पापड़-गुजियाँ खाएँ।
जो कोई रूठा हो हमसे
आओ उसको आज मनाएँ।
खुशियों के रंगों को लेकर
सतरंगी होली मनाएँ।

सब मिलजुल के एक हो जाएँ
वैर-भाव को दिल से मिटाएँ
जात-धरम को भूल-भाल के
प्रेम का पावन पर्व मनाएँ।

कोई किसी से ख़फ़ा न हो
कोई किसी से जुदा न हो
कोई भी मज़बूर न हो
खुशियों से कोई दूर न हो
खुशियाँ झूमें चारों ओर बस
सब ग़म अपने घर को जाएँ
चेहरों पे मुस्कानें लेकर
सतरंगी होली मनाएँ।

होली के इस शुभ दिवस पर
अपने मन का मैल मिटा लें।
इक-दूजे को बाहों में भरकर
हम आपस की दूरी मिटा लें।
ख़ुशियाँ आन खड़ी हैं द्वार पे
आओ इनको गले लगा लें।
हिरण्यकश्यपों का बध करके
प्रहलादों का देश बनाएँ।
होलिकाओं को जलाकर
सतरंगी होली मनाएँ।

बहुत हुई रंगों की होली
इन झूठे संबंधों की होली।
ये होली भी क्या होली है
जिसमें असली रंग न हों,
केवल धूल उड़े चहुँ ओर
पर भाई, भाई के संग न हो।

इससे तो बेहतर है हम सब
जात-धरम एक हो जाएँ
इन सच्चे रंगों के बल पे
सतरंगी होली मनाएँ।

ख़ामोशी

अभी सुबह होने ही वाली थी
सब नज़ारे ठहरे-से थे,
मानों कोई रोके हुए था, उजालों को
हर तरफ़ अँधेरे के पहरे-से थे।

कई पेड़ सो रहे थे
कुछ तो नींद में उलझे थे,
शायद हवा चाहती थी जगाना
कहाँ मगर वो सुनते थे।

नीले-काले अम्बर में
इक चाँद दिखाई देता था,
हाँ, वो कुछ ज्यादा चमक रहा था
पर कुछ और सितारे चमक रहे थे।

सूरज अभी नहीं जगा था
पंछी कुछ ना गाते थे,
तालाब, पेड़ सब जीव-जंतु
इक मौन को धारण करते थे।

इक अद्भुत-सा एहसास था उस दिन
जब निकला रात को, मैं खुशी-खुशी में
हर पल इतना शांत था जैसे
डूब गया हो संसार ही सारा
ख़ामोशी में।

चलते हैं जब भी कभी तनहा

चलते हैं जब भी कभी तनहा
तेरी याद आ जाती है
पहले तो मुस्कुराते हैं हम
फिर उदासी छा जाती है।

हर बार सोचता हूँ भूल जाऊँ अब तुझे
ज़रा-सी देर नहीं होती
कोई न कोई तेरी, अदा याद आ जाती है।
चलती है जब भी कभी अँधेरे में ठंडी हवा
तेरे साथ वो बरसात की रात याद आ जाती है।

कभी खोलता हूँ कभी बंद करता हूँ आँखे
सोचता हूँ राहत मिलेगी तेरी यादों से
पर तू तो जैसे कोई ख़्वाब है नींदों में आ जाती है।

निकलते हैं रोज़ दीदार-ए-मेहबूब की ज़ानिब
कोई न कोई आफ़त रस्ते में आ जाती है
अब तो यूँ जी रहे हैं अरसों से "रिज़वाँ"
कभी-कभी नहीं आती कभी साँस आ जाती है।

कुछ ख़्वाबों के लिए

कुछ ख़्वाबों के लिए
सपने तो नहीं तोड़ सकता
अजनबी आज मिले हैं
काल फिर मिलेंगे
इनके लिए अपने तो नहीं छोड़ सकता।

तुम रहते हो संगेमरमर के
अलिसां मकानों में, तो रहो
मैं इनके लिए
घर तो नहीं छोड़ सकता।

आज ये आसमाँ भी शिकारी-सा लगता है
हर तरफ जाल बिखरे हैं
मगर मैं मस्त परिंदा हूँ
अपनी उड़ान तो नहीं छोड़ सकता।

वो अँधेरों से डराते हैं मुझे
जिन्हें सिर्फ़ उजाले अच्छे लगते हैं
मगर मैं जलता दीपक हूँ
अपनी तली तो नहीं छोड़ सकता।

कल किसी ने ये कहा था
'रिज़वाँ' तुम अच्छा लिखते हो
तब से कुछ बेचैन हूँ पर
अब लिखना तो नहीं छोड़ सकता।

महबूब शहर - दिल्ली

मैं केवल तुमसे प्यार नहीं करता।
तुम्हारे शहर से भी उतनी ही
मुहब्बत करता हूँ, जितनी तुमसे।
ये बात मुझे आज ही रेलवे-स्टेशन पे
पता चली।
हालांकि ऐसा सुनना तुम्हें अच्छा न लगे।
मगर मुझे आज दिल्ली को छोड़ते हुए
ऐसा ही महसूस हो रहा है।
मुझे समझ नहीं आता किसका
ग़म ज़्यादा है, तुमसे दूर होने का
या दिल्ली के छूट जाने का।
ख़ैर, ये शहर भी तो तुम्हारा ही है।

तुम्हारी बहुत-सी यादें, बहुत-सी बातें
हमारा बचपन, और ज़िंदगी का एक
शायद सबसे ख़ूबसूरत हिस्सा
छुपा है, इस दिल्ली में।
और क्या तुम जानती हो
इतनी सारी यादों, कहानियों और
अनुभव के बाद मेरा दिल भी
दिल्ली जैसा हो चुका है।
तुम चाहो तो इसमें आकर
रह सकती हो ये भी तो आख़िर
तुम्हारा ही घर है।

इस तरह इंसानियत की हार नहीं होती

इस तरह इंसानियत की हार नहीं होती
अच्छा होता मुल्क़ में सरकार नहीं होती।

मेरा दुश्मन कभी मुझको जाँ से प्यारा था
जंग से पहले, वरना मेरी हार नहीं होती।

वो घर अक्सर मुहब्बत की गवाही देते हैं
जहां आँगन के बीच में दीवार नहीं होती।

ज़रूर कोई ख़बरी है हमारे बीच में वरना
ज़रा-ज़रा-सी बातें यूँ अख़बार नहीं होतीं।

हम शायर हैं, सिर्फ़ कलम से वास्ता हमको
शायरों के हाथ में कभी तलवार नहीं होती।

आसाँ मत समझो सफ़र-ए-ज़िंदगी 'रिज़वाँ'
कोई राह मुसाफ़िर की वफ़ादार नहीं होती।

यक़ीनन हमें तुमसे नफ़रत नहीं है

यक़ीनन हमें तुमसे नफ़रत नहीं है।
मगर दिल को तुमसे मुहब्बत नहीं है।

हमें इश्क़ है बस हमारे सनम से।
किसी और की अब ज़रूरत नहीं है।

बैठे हैं कब से हम राहों में जिनकी।
उन्हें हमसे मिलने की मोहलत नहीं है।

अमीरों की बस्ती चमकती गलियों में।
ग़रीबों को आने की इजाज़त नहीं है।

माना कि कांधों पर बोझ बहुत है।
मुझे सिर झुकाने की आदत नहीं है।

झूठ को बेचके , सच खरीदने वाले।
बेईमानों के घरों में बरकत नहीं है।

तेरे जिस्म से हम बेबसी में हैं लिपटे।
ये सच्ची मुहब्बत है वहशत नहीं है।

मरते रहे हैं जो हरदम वतन पर।
उन्हीं के दामन में शोहरत नहीं है।

तू है बादशाह फ़क़त इक महल का।
तू जिसका ख़ुदा है वो खलकत नहीं है।

तुम इतनी नफ़रत में ज़िंदा हो अबतक।
क्या तुम पर ख़ुदा की ये रहमत नहीं है?

जो देखता है, वो ही लिखता है 'रिज़वाँ'
क्या इसको ज़रा-सी भी दहशत नहीं है?

हर शख़्स में बस तू नज़र आता है

हर शख़्स में बस तू नज़र आता है
वो अलग बात है तू नज़र नहीं आता।

लगता है तू मेरा था, मेरा ही तो था
वरना उम्र भर यूँ याद नहीं आता।

वो कहता है कि अब मेरा नहीं है वो
उसे अपना ही साया नज़र नहीं आता।

तू लाख बार मुकर जा अपने वादे से
मुझे अपने वादे से मुकरना नहीं आता।

उसके आँगन में जश्न-ए-ईद का माहौल है
हम अभागो को चंदा नज़र नहीं आता।

हम ही इश्क़ से पर्दा कर गए 'रिज़वाँ'
मेरे बुलाने पर, क्या वो नहीं आता ?

वो शख़्स कभी हमारा था

एक उम्मीद थी सहारा था।
वो शख़्स कभी हमारा था।

उसके सिवा कुछ देखा नहीं था।
कितना साफ़ दिल हमारा था।

उसके चेहरे पे इक उदासी थी।
बहुत परेशान दिल हमारा था।

उसके दिल में रहना चाहते थे।
फ़क़त यही एक घर हमारा था।

उसकी ज़ुल्फ़ें संवारा करते थे।
ख़ूबसूरत काम हमारा था।

उसके चेहरे में एक कशिश थी।
और ये आईना हमारा था।

उसे आँखों में लेकर चलते थे।
वो ख़ूबसूरत ख़्वाब हमारा था।

जैसा तुम्हारा ख़्वाब है 'रिज़वाँ'
एक ऐसा ही सच हमारा था।

मुझे इस हाल में होने दो न

मुझे इस हाल में होने दो न।
जी भर के तुम रोने दो न।

यूँ आराम मिले दो पल का।
अपनी बाहों में सोने दो न।

बिखर रही साँसें, मोती-सी।
इनकी इक माला पोने दो न।

जिससे कोई प्रेम उग सके।
वो बीज मुझे तुम बोने दो न।

तनहा होने में डर लगता है।
भीड़ में मुझको खोने दो न।

तुम अब बस मेरी हो जाओ।
मुझको अपना होने दो न।

आओ पहले मिलन करें हम।
जो होता है, अब होने दो न।

इन आँखों से आँसू भी बहाया करो

इन आँखों से आँसू भी बहाया करो
दर्द क्या होता है समझ जाया करो।

मैं अब बस तुम्हारी चाहत में बँधा हूँ
मेरे सामने तुम ज़रा खुल जाया करो।

मैं तुम्हें बहुत अंदर से जान चुका हूँ
मुझे तुम अब कुछ मत बताया करो।

ये दिन दिनभर उसकी याद दिलाते हैं
ऐं रातों अब तुम तो मत सताया करो।

हम तुम्हारे चेहरे के क़ायल नहीं होंगे
झूठ बोलते हुए थोड़ा शरमाया करो।

जो नहीं समझते हैं ख़ामोशी ज़रा भी
ऐसे लोगो से दिल, मत लगाया करो।

दुनिया का क्या है ये ग़म ही देती है
ग़मों को भूलके तुम मुस्कुराया करो।

मुहब्बत फिर मुहब्बत-सी नहीं लगती
किसी को ज्यादा गले मत लगाया करो।

तुम्हारे ज़ख्म भी ख़ुद ही भरने लगेंगे
किसी के ज़ख्म पे मरहम लगाया करो।

कौन आता है अब मिलने तुम्हें 'रिज़वाँ'
किसी के लिए रस्ते मत सजाया करो।

नफरतों के दौर में

नफरतों के दौर में मुहब्बत का रहना मुश्किल है।
झूठ चीखना आसाँ है, सच कह देना मुश्किल है।

तेरी-मेरी ये प्रेम-कहानी अब कहाँ टिक पाएगी।
प्रेम बदलना आसाँ है, धरम बदलना मुश्किल है।

ग़म मनाने का तरीका इस तरह से बदल चुका है।
रो देना ही काफ़ी है अब, आँसू लाना मुश्किल है।

सच्चाई और कलाकारी में बस इतना-सा फ़र्क है।
बात बताना आसाँ है, ज़ज्बात बताना मुश्किल है।

तुम मेरे प्यारे सपनों की प्यारी-सी शहज़ादी हो।
तुमको चाहना आसाँ है, तुमको पाना मुश्किल है।

कभी-कभी तन्हाई में जब याद किसी की आती है।
तन्हा हो करके भी ख़ुद को तन्हा पाना मुश्किल है।

इश्क़ के दरिया में तुम 'रिज़वाँ' इस तरह डूबे हो।
डूब ही जाना बेहतर है, पार पे आना मुश्किल है।

इक-इक करके बाँटा था जो

इक-इक करके बाँटा था जो, हर पल जैसे बर्बाद हुआ
भीड़ में कितने तनहा थे हम, आज हमें अहसास हुआ।

लरज़ रही थीं दीवारें जब, अनजान बने हम बैठे थे
पूरा घर ही बिखर गया तब, हमको ये एहसास हुआ।

मीठी बातें वो भोलापन, तुम सचमुच कितने अच्छे थे
तुमसे झगड़के बैठ गए तब, हमको ये अहसास हुआ।

रोये-धोये, चिल्लाये हम, पूरा घर भी देख लिया
इक छोटी-सी आहट में, हमको तेरा एहसास हुआ।

झूठी कसमें झूठे चेहरे आख़िर, कितने चलने वाले थे
ख़ुद आईने ने बतलाया तब, हमको ये अहसास हुआ।

मंदिर-मस्जिद-गिरिजाघर, सारे जाकर देख लिए
आख़िर दिल में झाँका तो, अल्लाह तेरा एहसास हुआ।

पूरी ज़िंदगी यूँही गुज़री, सामान-ए-आख़रत कुछ भी नहीं
कब्र में जाकर लेटे 'रिज़वाँ', तब हमको ये एहसास हुआ।

उदास हर दिन हर शाम तनहा-तनहा है

उदास हर दिन, हर शाम तनहा-तनहा है
किस तरह बताएँ अब, रात का आलम।

हर तरफ़ तुम हो बस, कुछ और नहीं है
हम नहीं जानते, क़ायनात का आलम।

जब कोई हँसता है, तुम महसूस होते हो
यहाँ तक है तुम्हारी, मुस्कान का आलम।

न कोई सावन, न बहार बाक़ी है अब
दिल क्या जाने किसी, बरसात का आलम।

अगर तुम मिलो तो, हर ग़म जुदा हो
तुम क्या जानो 'रिज़वाँ' मुलाक़ात का आलम।

चलो कुछ इस तरह से गुज़ारा करते हैं

चलो कुछ इस तरह से गुज़ारा करते हैं।
तुम नफ़े में रहो हम ही ख़सारा करते हैं।

मेरे कुछ और करीब आ जाओ ऐ सनम।
आज करीब से चाँद का नज़ारा करते हैं।

वो जब रुख़ अपना मेरे ज़ानु पे रखते हैं।
हम उनकी बिखरी ज़ुल्फ़ें सँवारा करते हैं।

इक पल भी नहीं रह पाता मैं बग़ैर उसके
लोग जाने कैसे पूरी उम्र गुज़ारा करते हैं।

यकीनन वो सिम्त हमारी ही हो जाती है।
जिस तरफ़ हम ज़रा-सा इशारा करते हैं।

झुक जाए जो सिर किसी शैतान के आगे
ऐसी ज़िंदगी से हम मरना गवारा करते हैं।

सचमुच इतनी कड़वी है ज़ुबाने 'रिज़वाँ'
कई चमचे इसके आगे किनारा करते हैं।

दिल का हाल रो-रोकर बताना हम न छोड़ेंगे

दिल का हाल रो-रोकर बताना हम न छोड़ेंगे
तुम्हारी याद में आँसू बहाना हम न छोड़ेंगे।

तू किसी और की तक़दीर है ये जानते हैं हम
हम फ़क़त तेरे दीवाने हैं बताना हम न छोड़ेंगे।

तुम्हारे इश्क़ में हमने बस इतना ही पाया है
तुम्हीं से ये ज़माना है ज़माना हम न छोड़ेंगे।

तुम जा रहे हो छोड़कर ये जान लो लेकिन
तुम्हारे दूर जाने से मुहब्बत हम न छोड़ेंगे।

तुम्हें हर वक़्त हर लम्हा, हमारी याद आएगी
तुम्हारा नाम हर लम्हा दोहराना हम न छोड़ेंगे।

उदासी ये छुपाने को हम दिन में सोयेंगे लेकिन
तुम्हारी याद में रातों को जगाना हम न छोड़ेंगे।

तुम आख़िर हो क्या मेरे क्यूँ इतना सताते हो
गर हम भी तुम्हारे हैं सताना हम न छोड़ेंगे।

जानते हैं न आओगे अब तुम लौटके 'रिज़वाँ'
तुम्हारी यादों से पर दिल लगाना हम न छोड़ेंगे।

दिल के राज़ खुलकर बताता कौन है

दिल के राज़ खुलकर, बताता कौन है।
बेवज़ह की उलझन, बढ़ाता कौन है।

झूठे चेहरे अक्सर मीठी बातें करते हैं।
ज़ख्म पे सच्चा मरहम लगाता कौन है।

ग़नीमत है अभी तक तो सब ख़ामोश हैं।
देखना है, मेरे दर्द पे मुस्कुराता कौन हैं।

कोई चेहरा न याद बाक़ी है अब ज़हन में।
हर रात मेरी नींदों में, फिर आता कौन है।

बड़ा नाबाक़िफ़ है वो, ख़ुदा की ख़ुदाई से।
पूँछता है के, दुनिया को चलाता कौन है।

तुम यहाँ से जाओ, या जहाँ से 'रिज़वाँ'
भला किसी के लिए आँसू बहाता कौन है।

इश्क़ की राह में सबकुछ लुटाना पड़ता है

इश्क़ की राह में सबकुछ लुटाना पड़ता है
ख़ुश्क आँखों से दरिया बहाना पड़ता है।
दीदार-ए-महबूब रोग ही कुछ ऐसा है
वो बुलाएं न बुलाएं, हमें जाना पड़ता है।

डर रहता है आँखें कहीं नम न हो जाएं
रो-रो के उनकी छाती कहीं कम न हो जाए।
उनके लबों की मुस्कुराहट की ख़ातिर
दर्द-ए-दिल में भी हमें मुस्कुराना पड़ता है।

मुहब्बत में मज़ा बहुत है, ये खेल निराला है
इसमे कभी रूठना कभी मनाना पड़ता है।
रातभर छिपाते हैं राज़-ए-दिल उनसे
सहर नहीं होती कि, सबकुछ बताना पड़ता है।

उनकी हर बात सिर-आँखों पे होती है
अनचाही बातों को भी अपनाना पड़ता है।
ज़िंदगी से कोई वादा हो तो मुकर भी जाएं
वादा-ए-वफ़ा हो तो, हरगिज़ निभाना पड़ता है।

हम जानते हैं मुहब्बत और ज़हर में फ़र्क 'रिज़वाँ'
मगर पिलाने वाला अपना हो तो..
इस बारीक़ी को ज़रा छिपाना पड़ता है।

हम तो टूट ही चुके हैं

हम तो टूट ही चुके हैं, इसे तो जुड़ा रहने दो
मुफ़्त में सूख जाएगा डाली से लगा रहने दो।

बेशक़ मर रहा हूँ मगर ज़िंदा भी उसी से हूँ
उसका भूत मेरे सिर पे चढ़ा रहने दो।

उसकी ख़ुशबू मुझे बुलाती है यहाँ बार-बार
कुछ देर और मुझे यहाँ खड़ा रहने दो।

मैं एक को मनाता हूँ दूसरा रूठ जाता है
इससे बेहतर है जो सड़ा है सड़ा रहने दो।

तकल्लुफ़ नहीं ये हमारे यहाँ का रिवाज़ है
मेरे बड़े अभी बैठे हैं मुझे खड़ा रहने दो।

ये लोगों की दुनिया है आख़िर 'रिज़वाँ'
कोई कुछ भी कहे उसे कहता रहने दो।

टूटे हुए दिल की

टूटे हुए दिल की कोई कीमत नहीं मिलती।
सभी को मुहब्बत में मुहब्बत नहीं मिलती।

चाहते हैं ठहरे, रुकें कुछ देर तेरे पहलू में।
उलझे हैं ज़िंदगी में मोहलत नहीं मिलती।

यक़ीनन अमीर होते हैं ईमान वाले लोग।
सबको ये बे-कीमती दौलत नहीं मिलती।

अब न रहे तो क्या है, मर कर रहेंगे ज़िंदा।
दुनिया में सभी को शोहरत नहीं मिलती।

कुछ तुम कुछ हम दूर हो गए

कुछ तुम कुछ हम दूर हो गए।
वक़्त के हाथों मज़बूर हो गए।

अंधेरी रात में देखे सपने कई।
उजाले में सब चूर-चूर हो गए।

मैं उनको मनाता कैसे आख़िर।
वो दौलती अब मग़रूर हो गए।

शौक़ तो हमें भी था जीने का।
इन्सां थे मौत का दस्तूर हो गए।

इस तरह तो ज़िंदगी नहीं जी सकते

इस तरह तो ज़िंदगी नहीं जी सकते।
ऐं मौत! हम तेरे बिना नहीं जी सकते।

ताउम्र हमें बस तेरा इंतेज़ार ही रहा है।
आजाओ के अब और नहीं जी सकते।

ये सच्ची ज़ुबाँ हैं इस दिल में बग़ावत है।
देखके सबकुछ होंठों को नहीं सी सकते।

बेचारे समंदरों की ज़रा बेबसी तो देखो।
सदियों से प्यासे हैं, पानी नहीं पी सकते।

इंतज़ार

हम कबसे आस लगाए बैठे हैं।
वो अबतक मुँह फुलाए बैठे हैं।
काश.! वो आएँ मिलने और
हाल पूँछें हमारा
उनके इंतेज़ार में हम
पलकें बिछाए बैठे हैं।

यूँ लगता है मेरी गली से न आएँगे वो
इस क़दर ख़फ़ा हैं मुझसे वो।
उनके स्वागत की ख़ातिर हम
पड़ोस की गली सजाए बैठे हैं।

दिल कहता है आएँगे वो
फिर कहता है शायद न भी आएँ।
बस इसी उलझन में हम घबराए बैठे हैं।

अरसा हुआ अब तो उनसे मिले 'रिज़वाँ'
न जाने किस बात को वो
दिल से लगाए बैठे हैं।

हम कब से आस लगाए बैठे हैं।
वो अब तक मुँह फुलाए बैठे हैं।